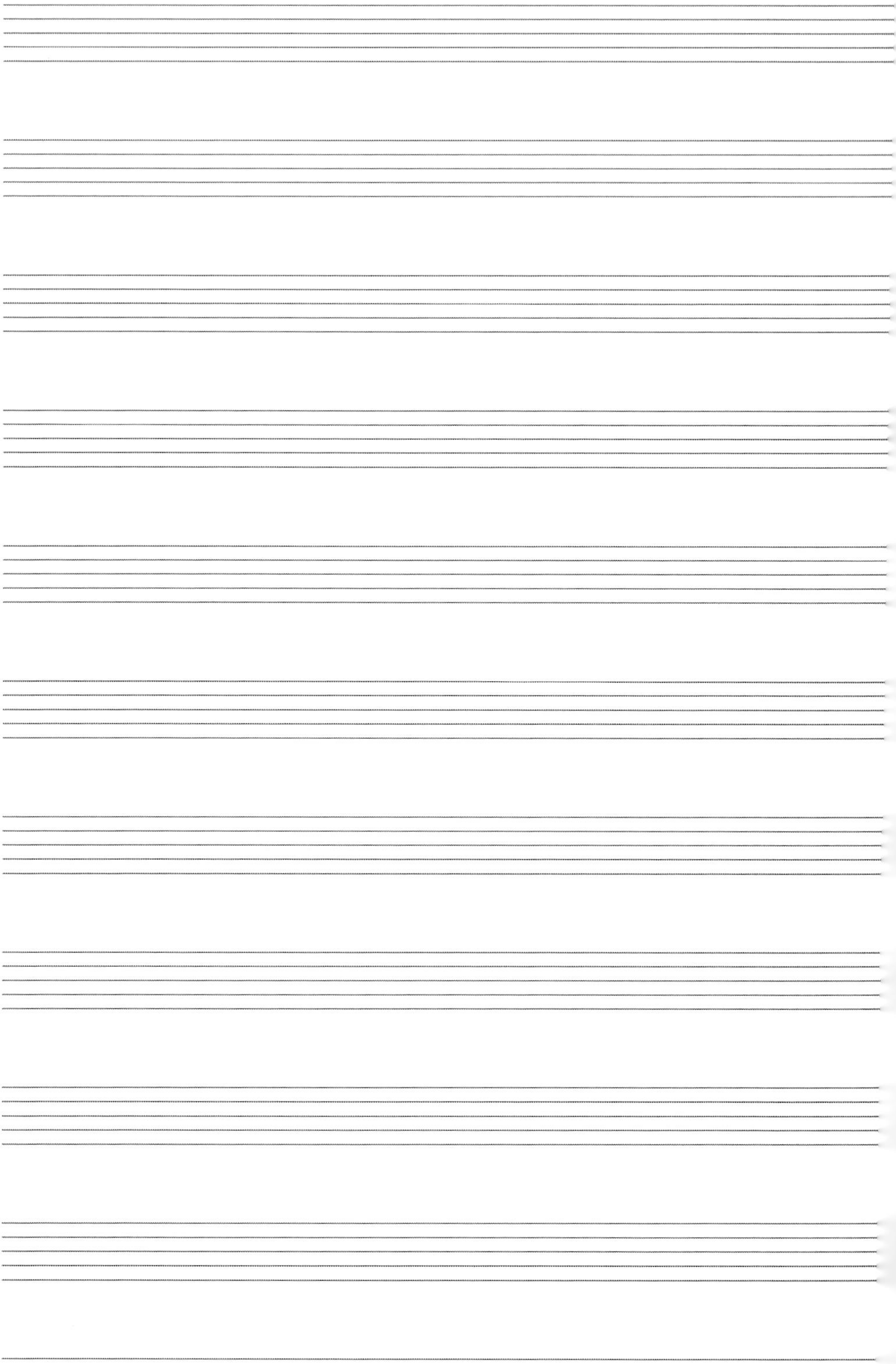

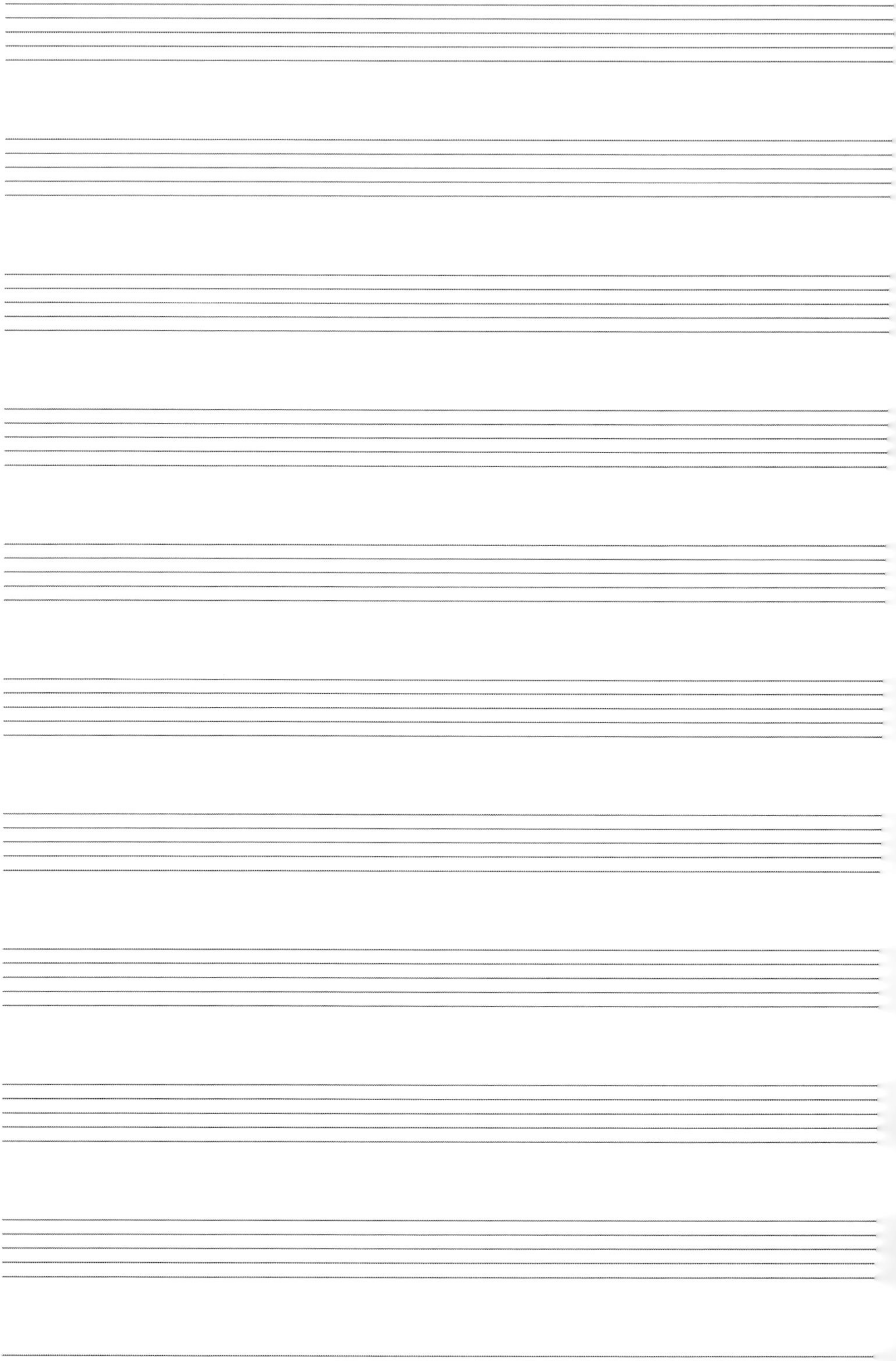

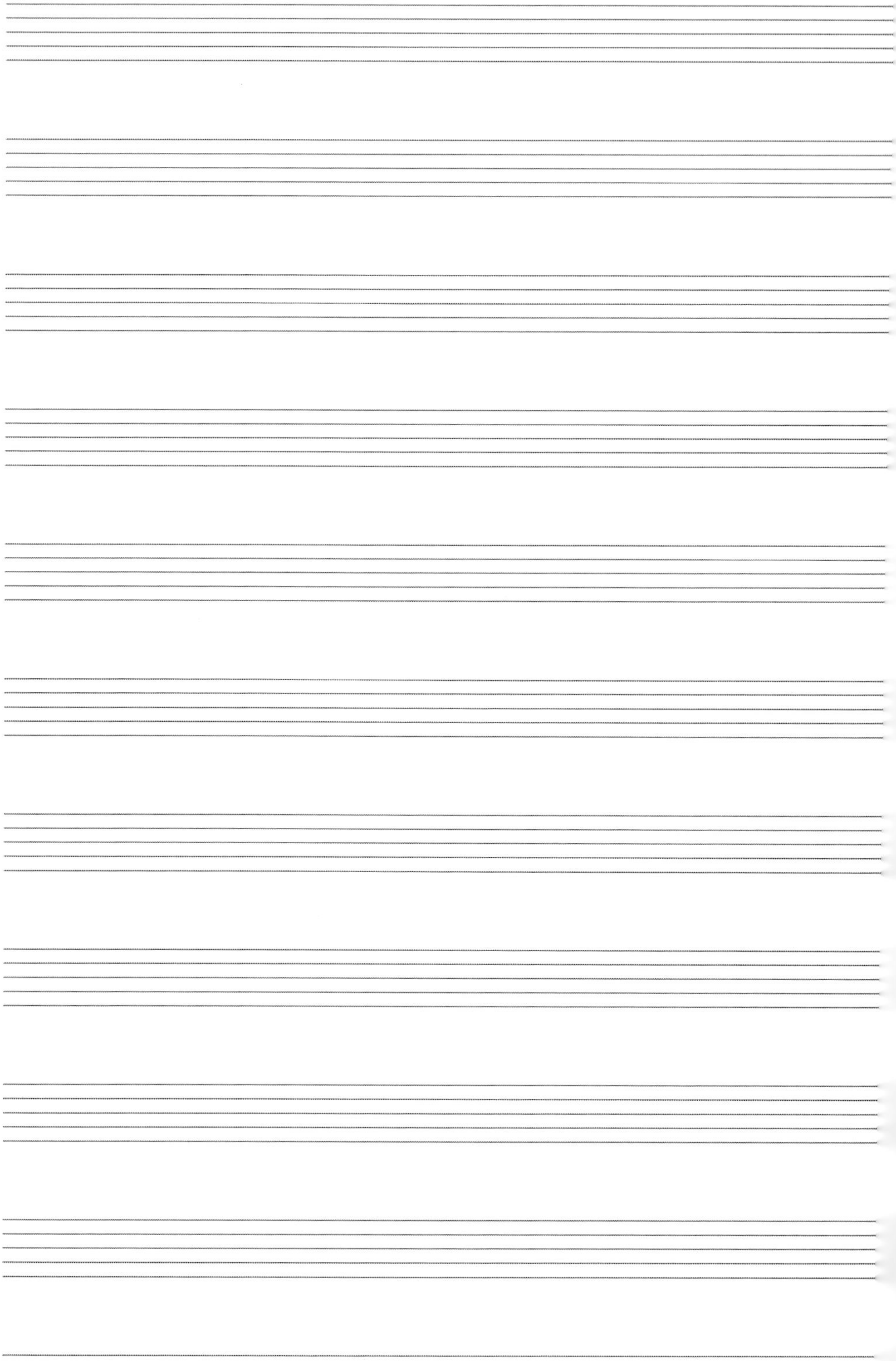

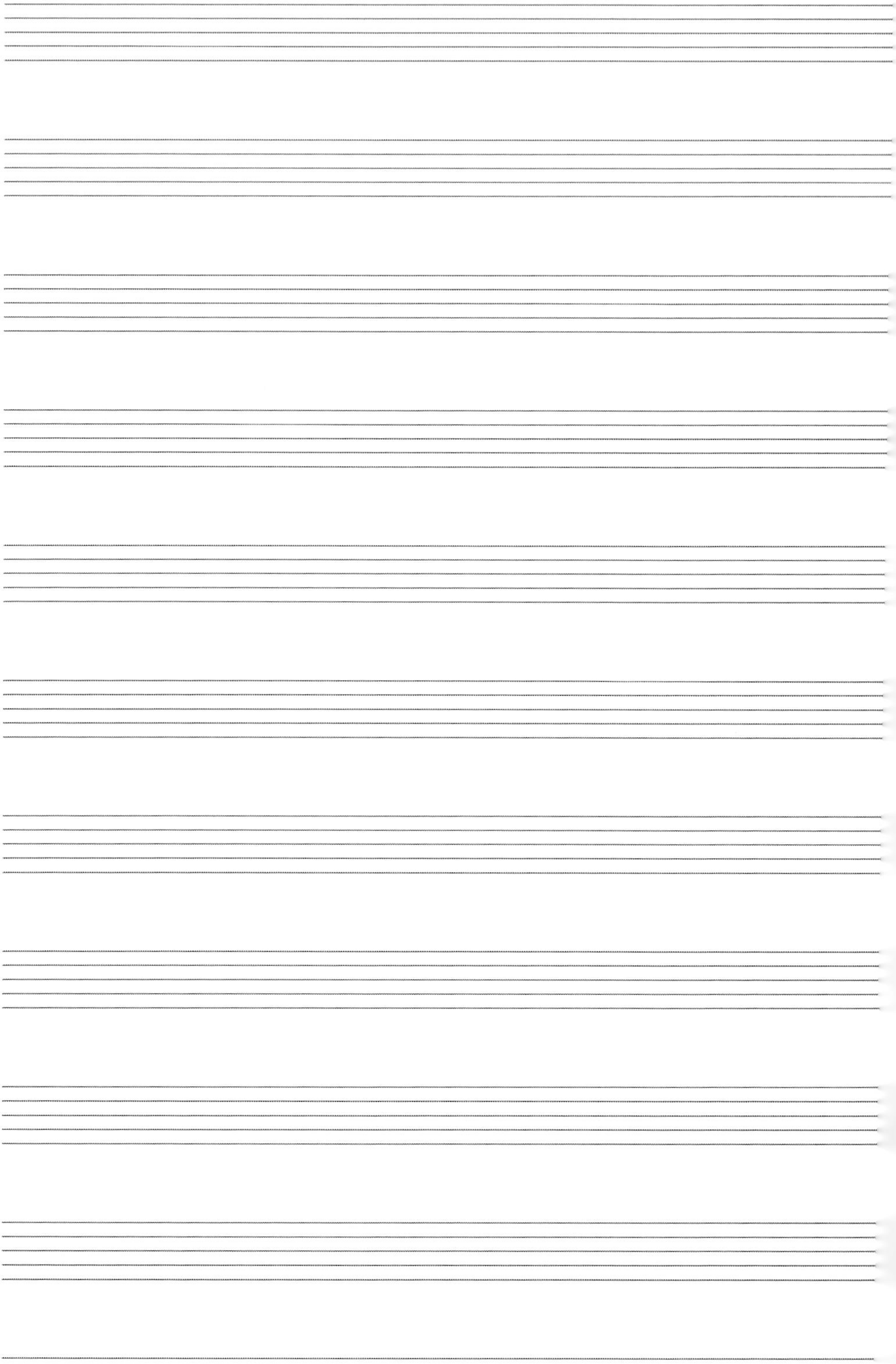

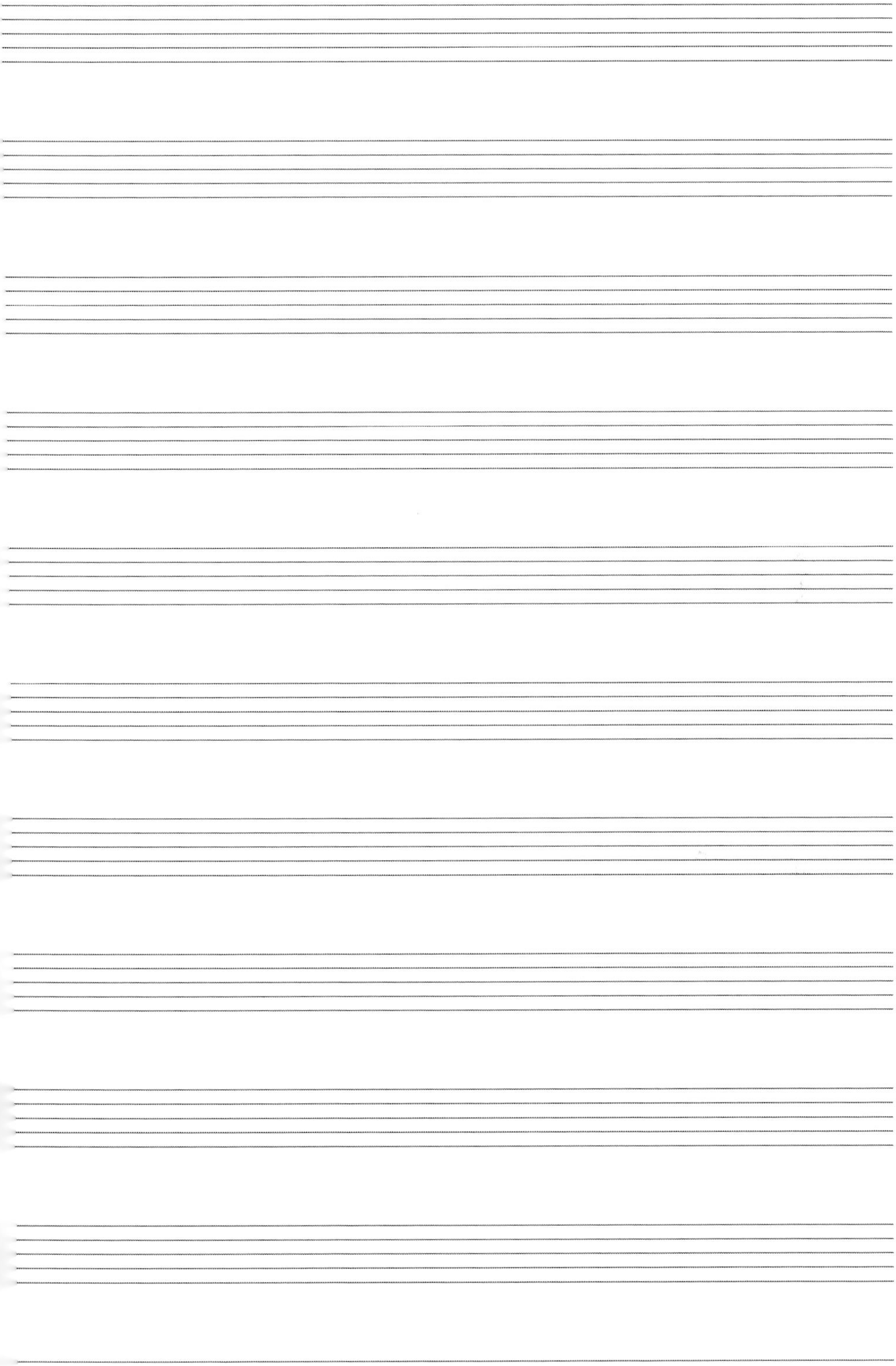

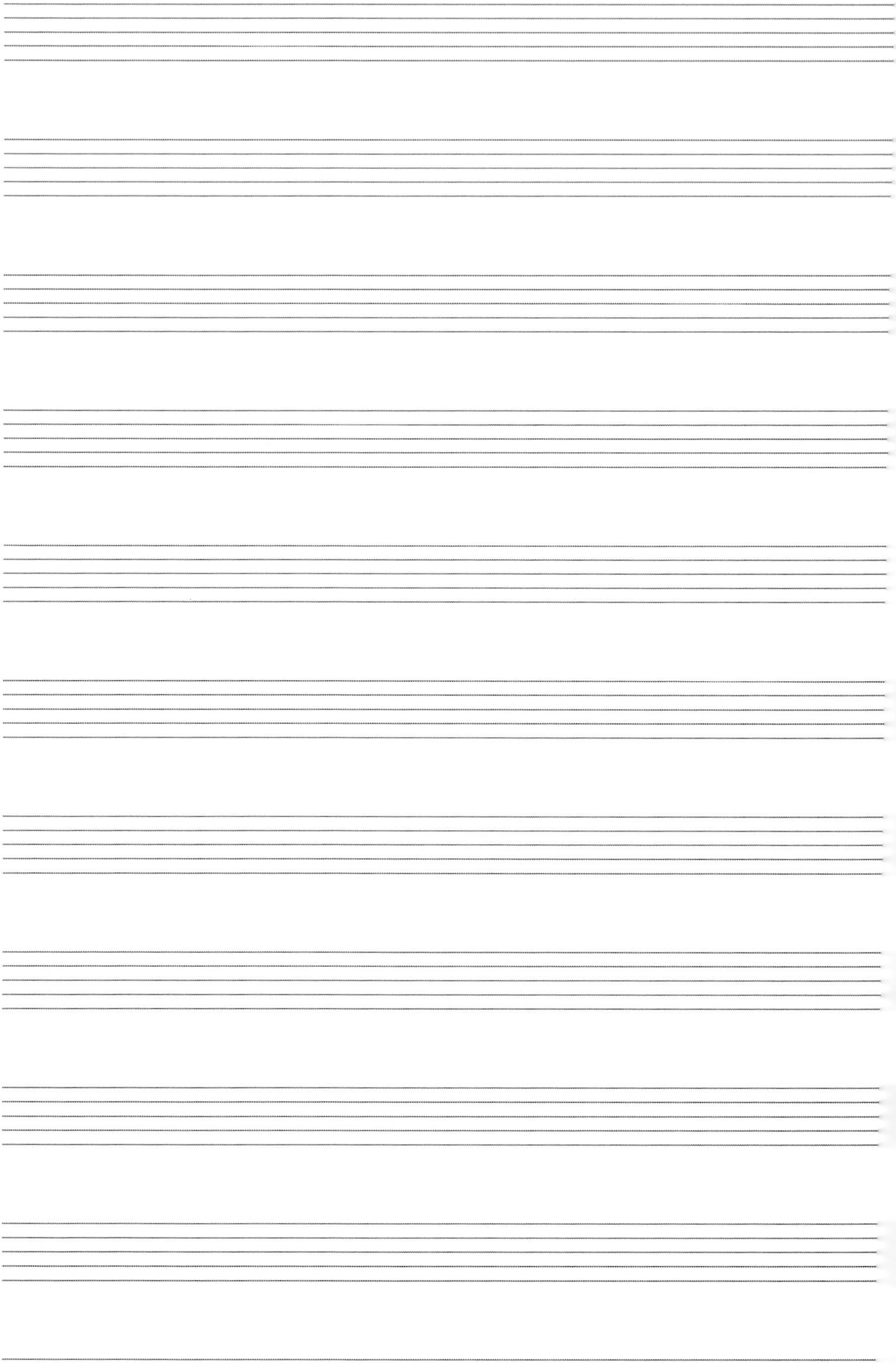

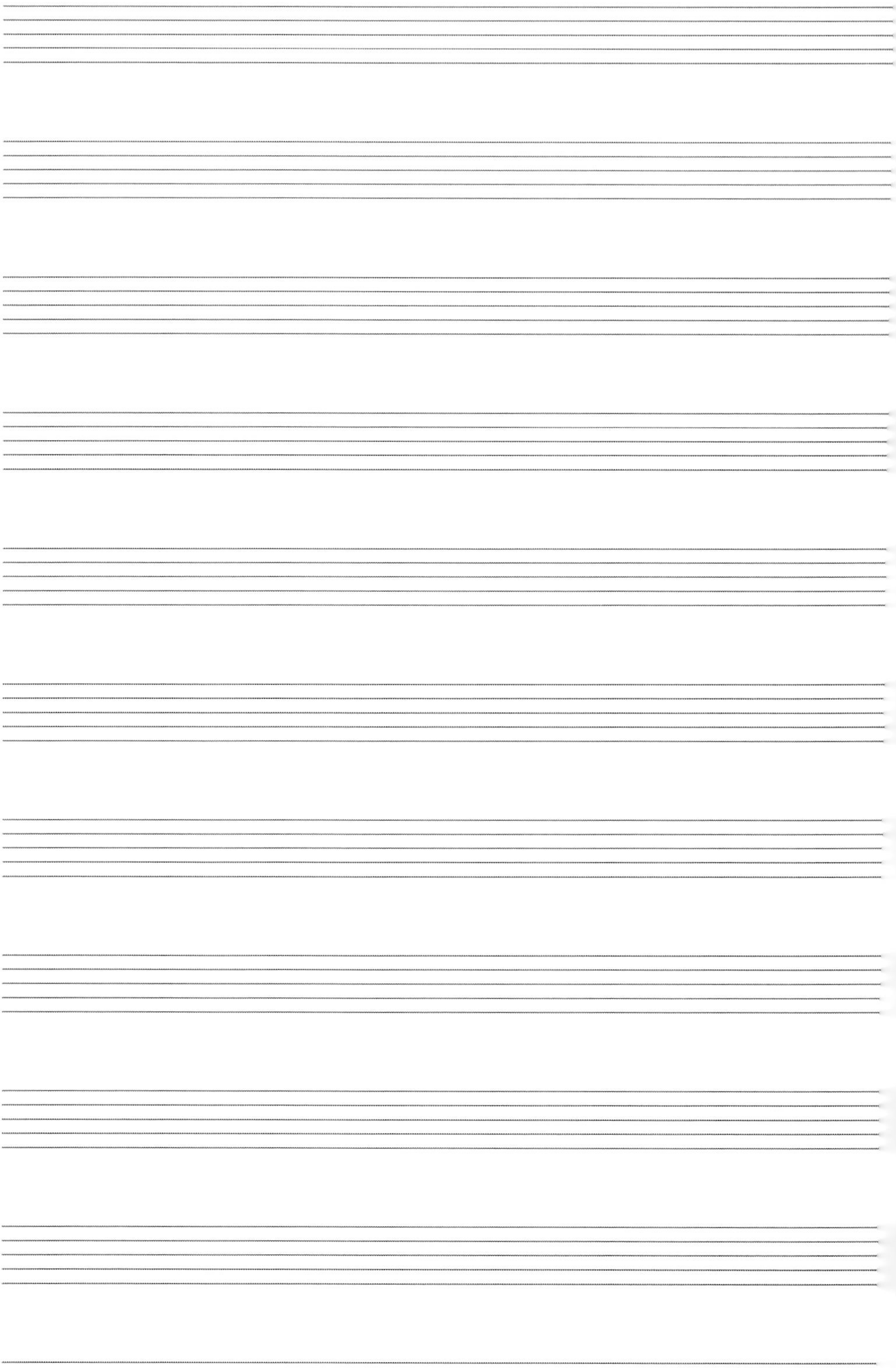

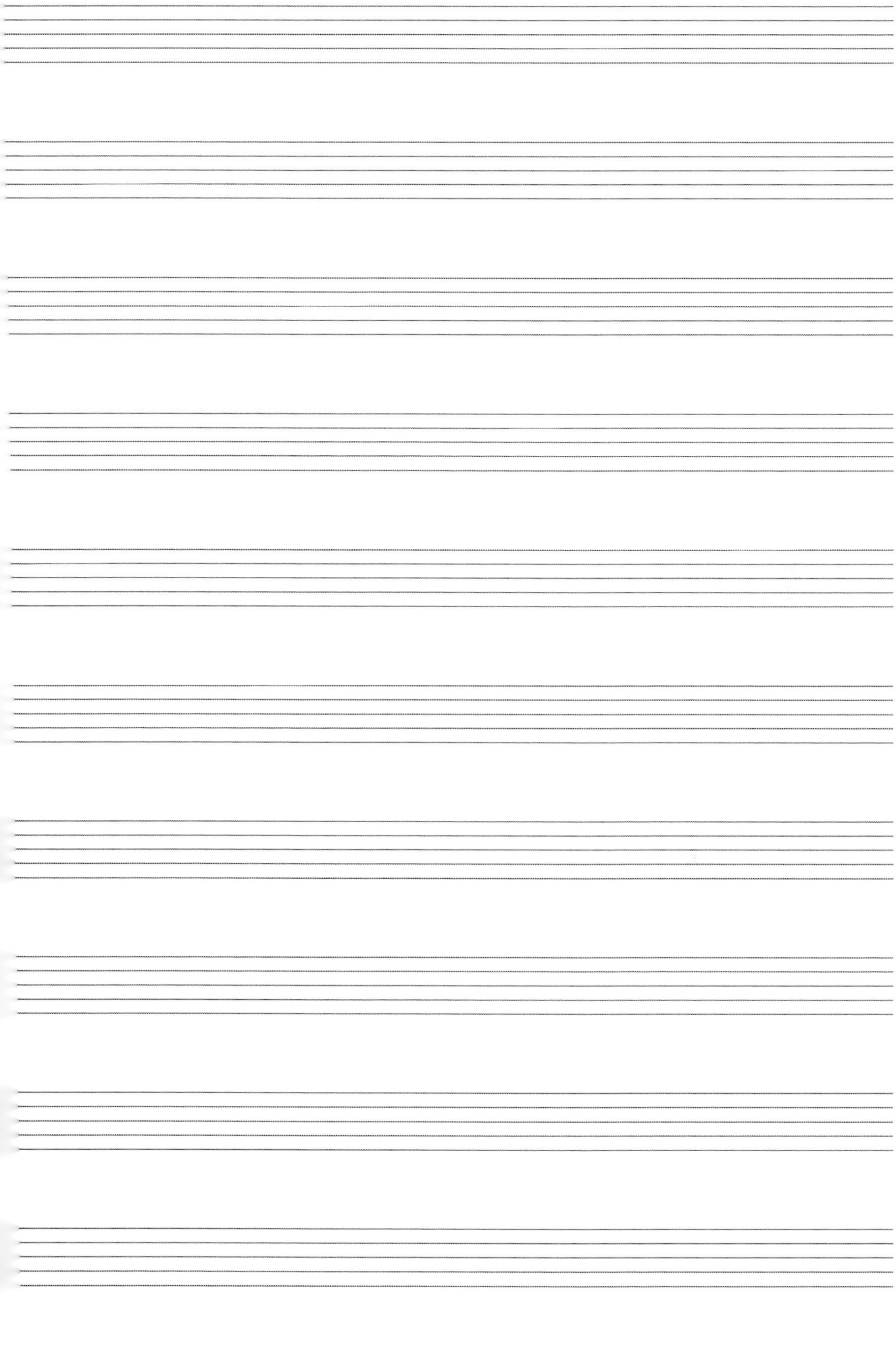

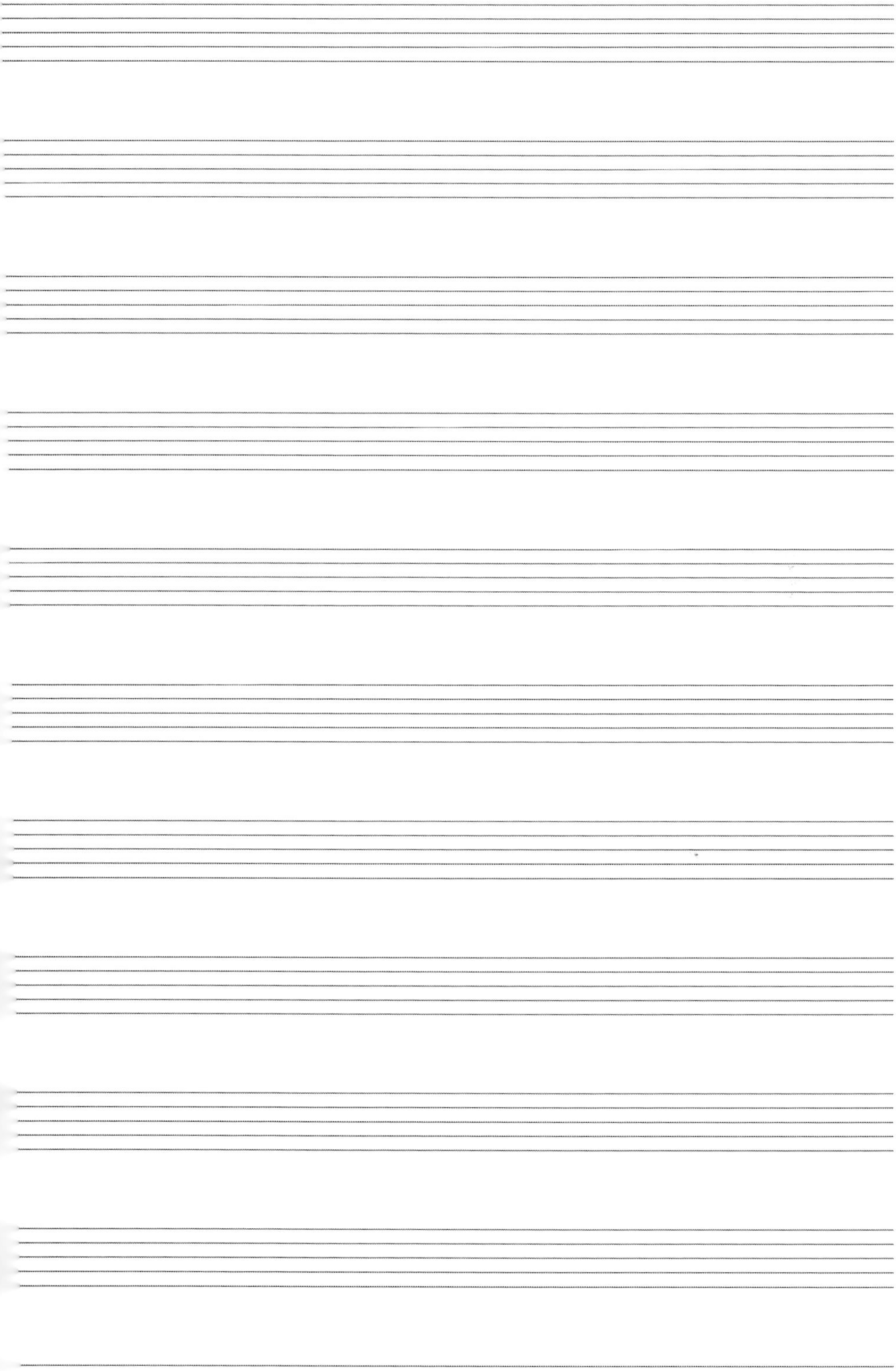

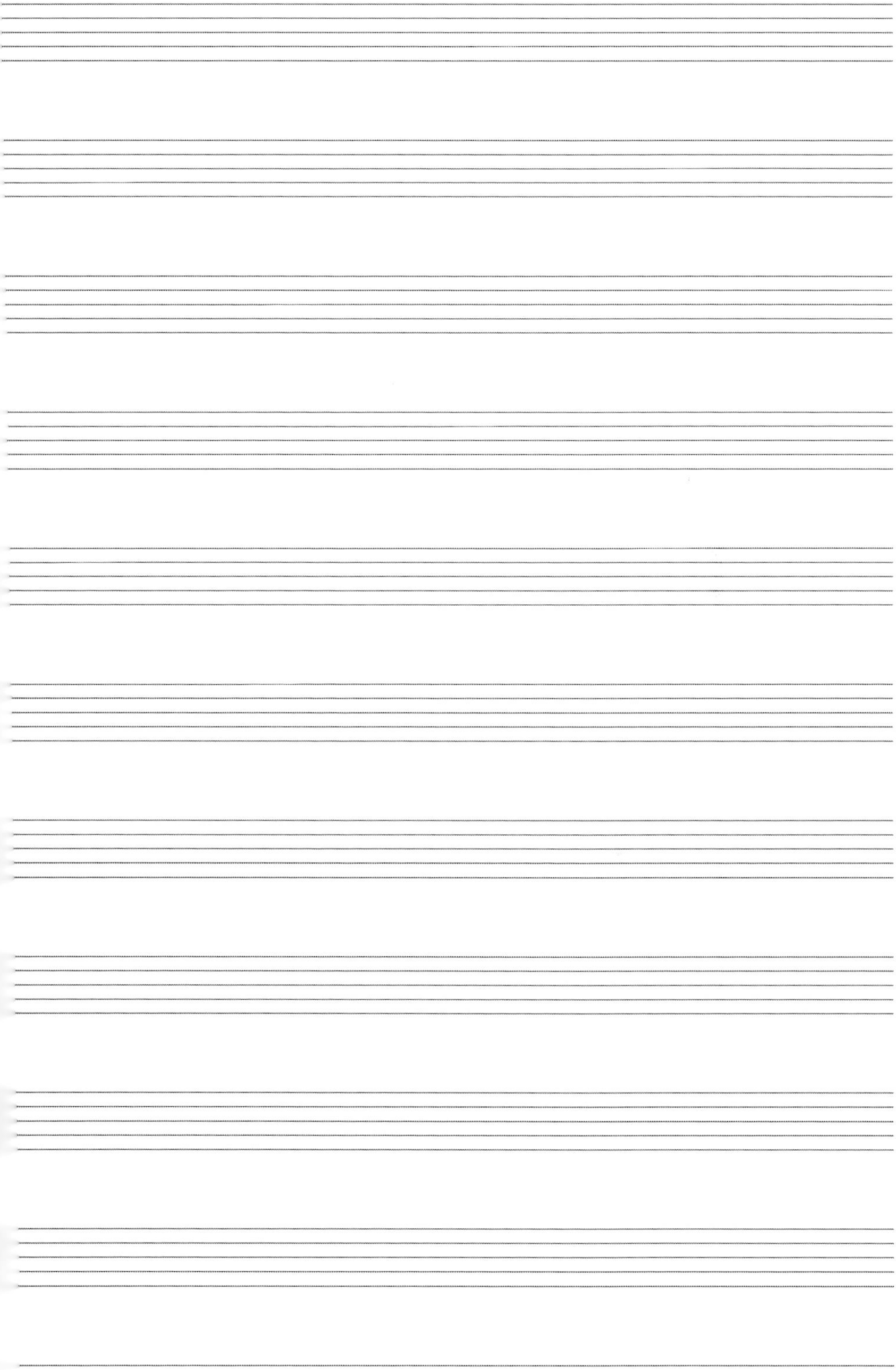

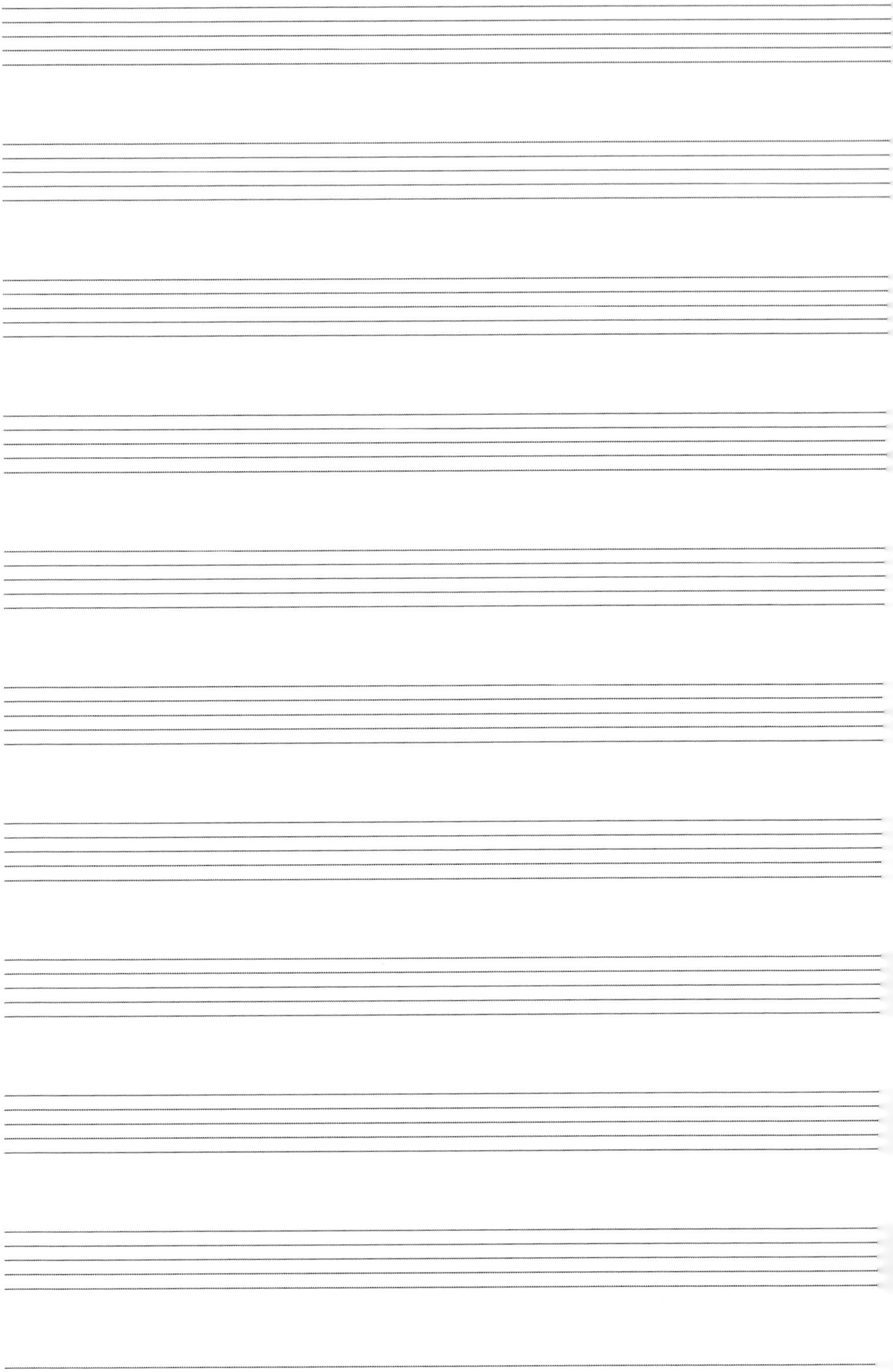

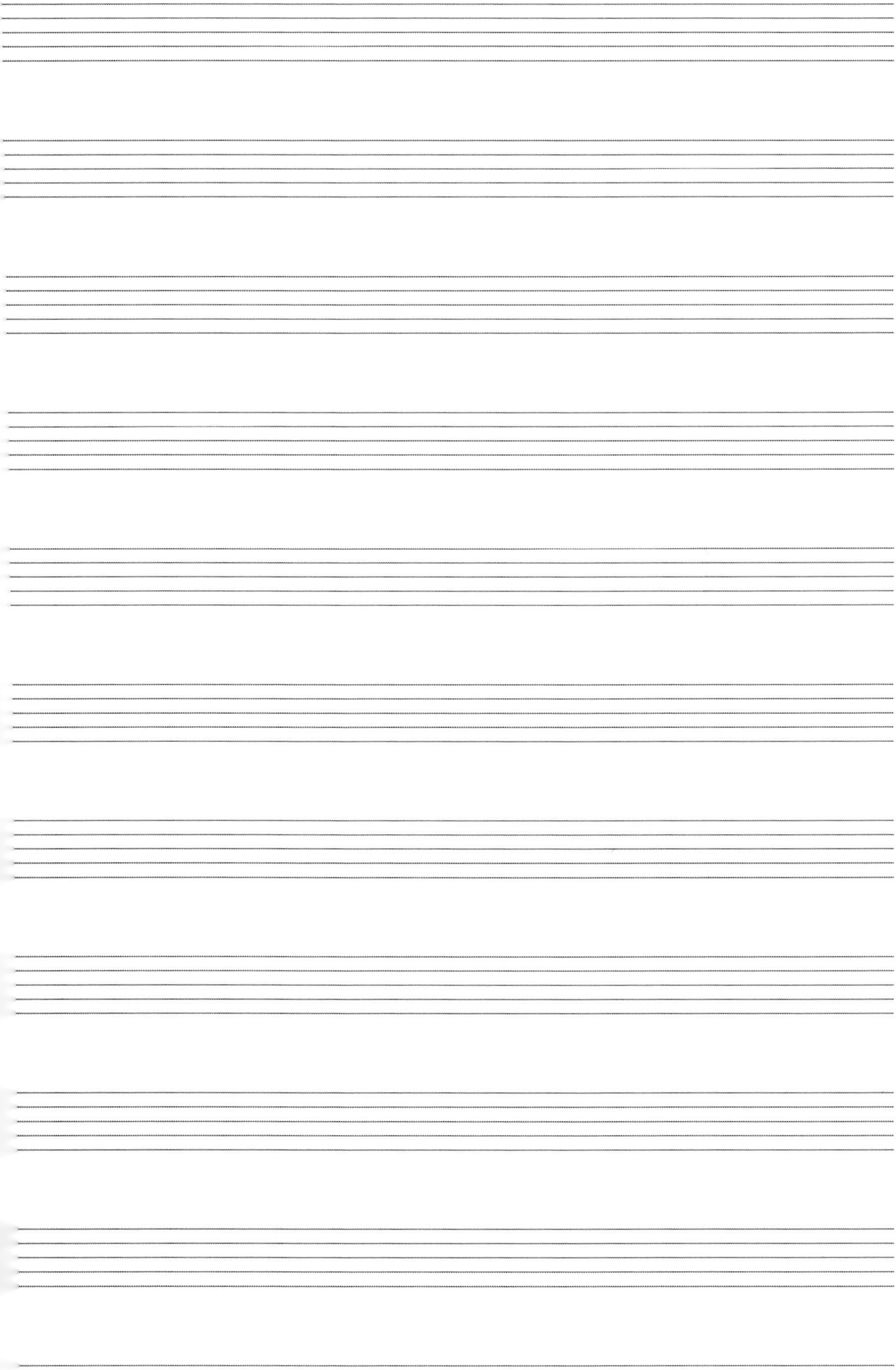

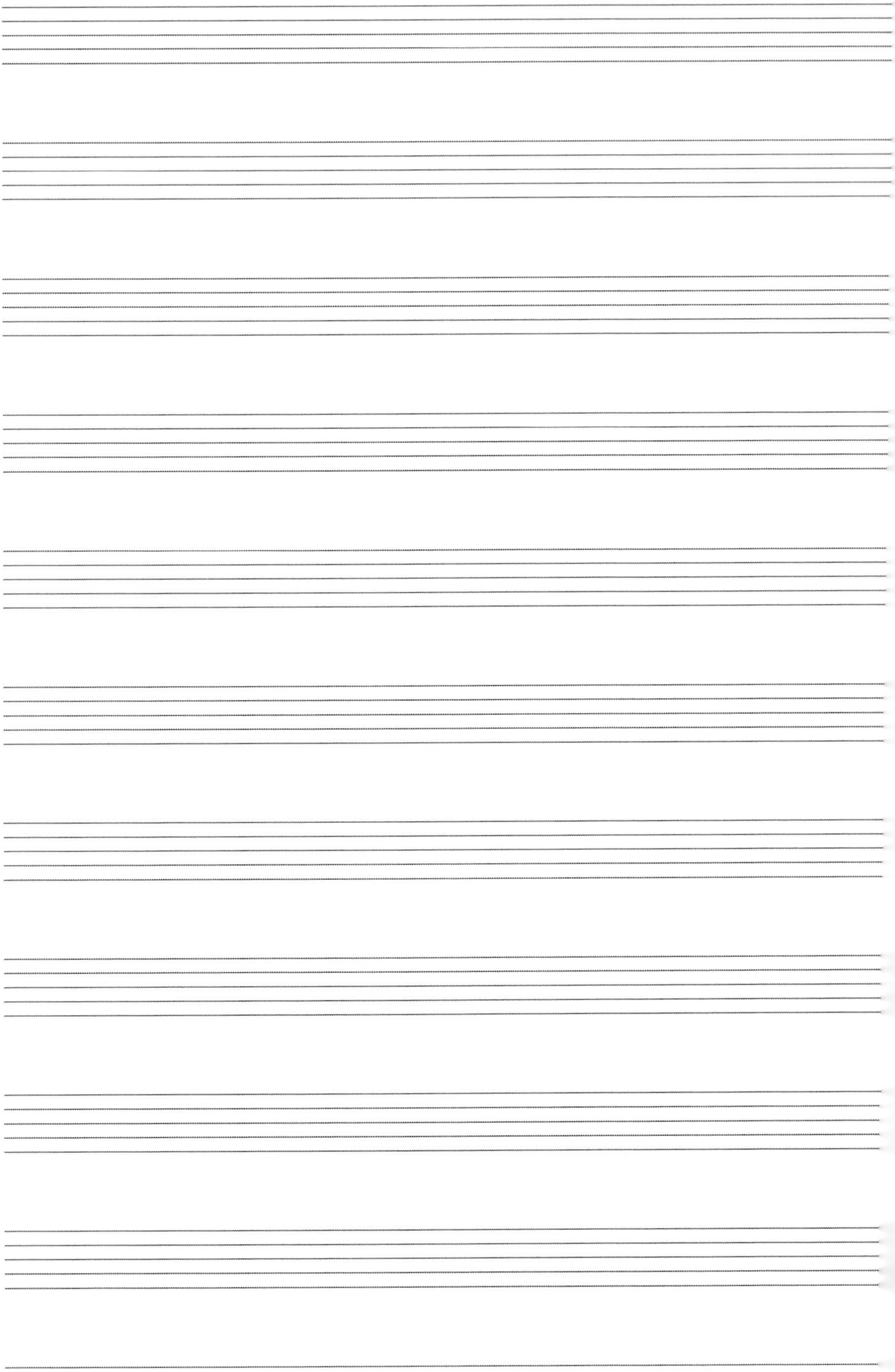

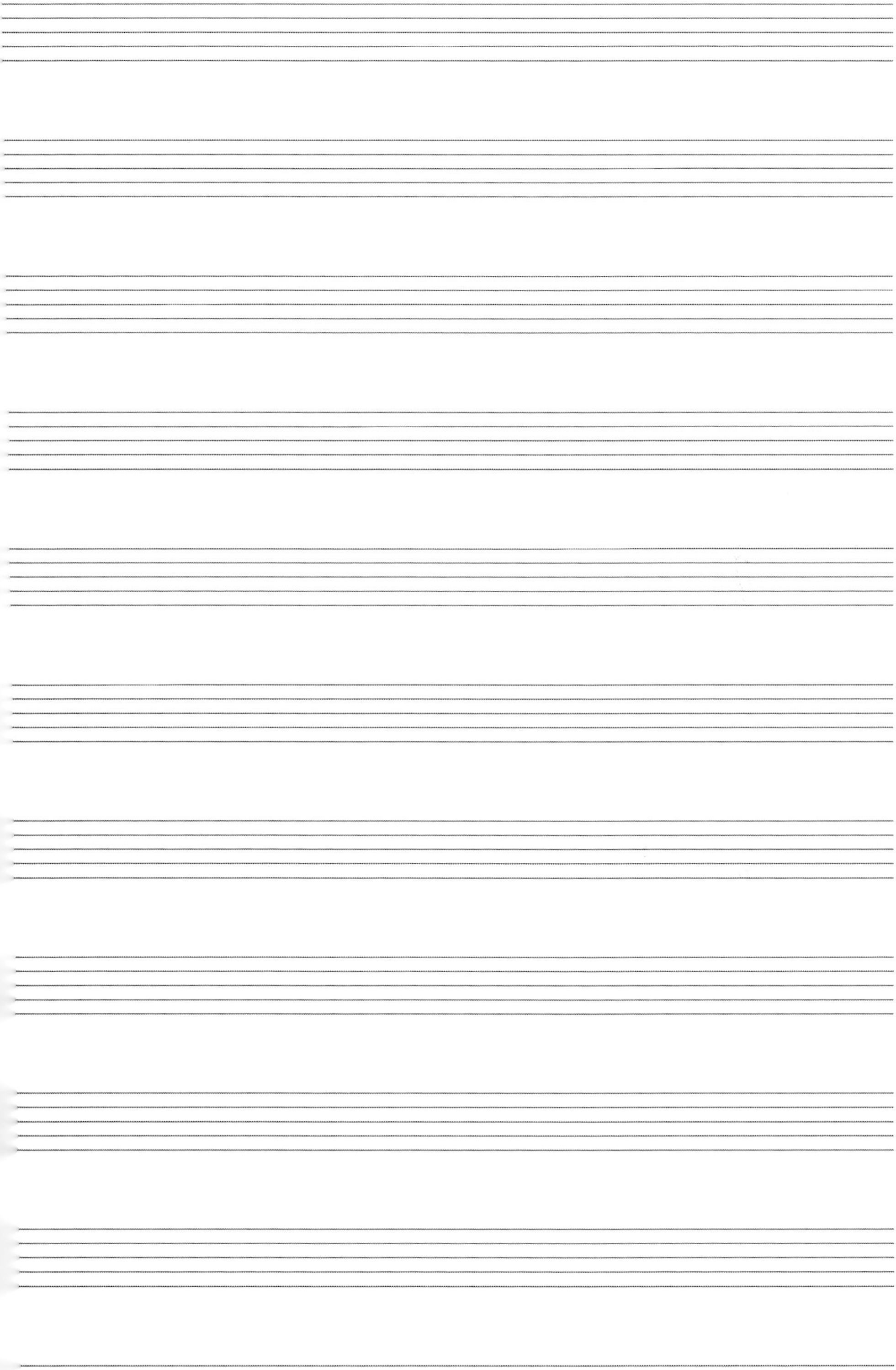

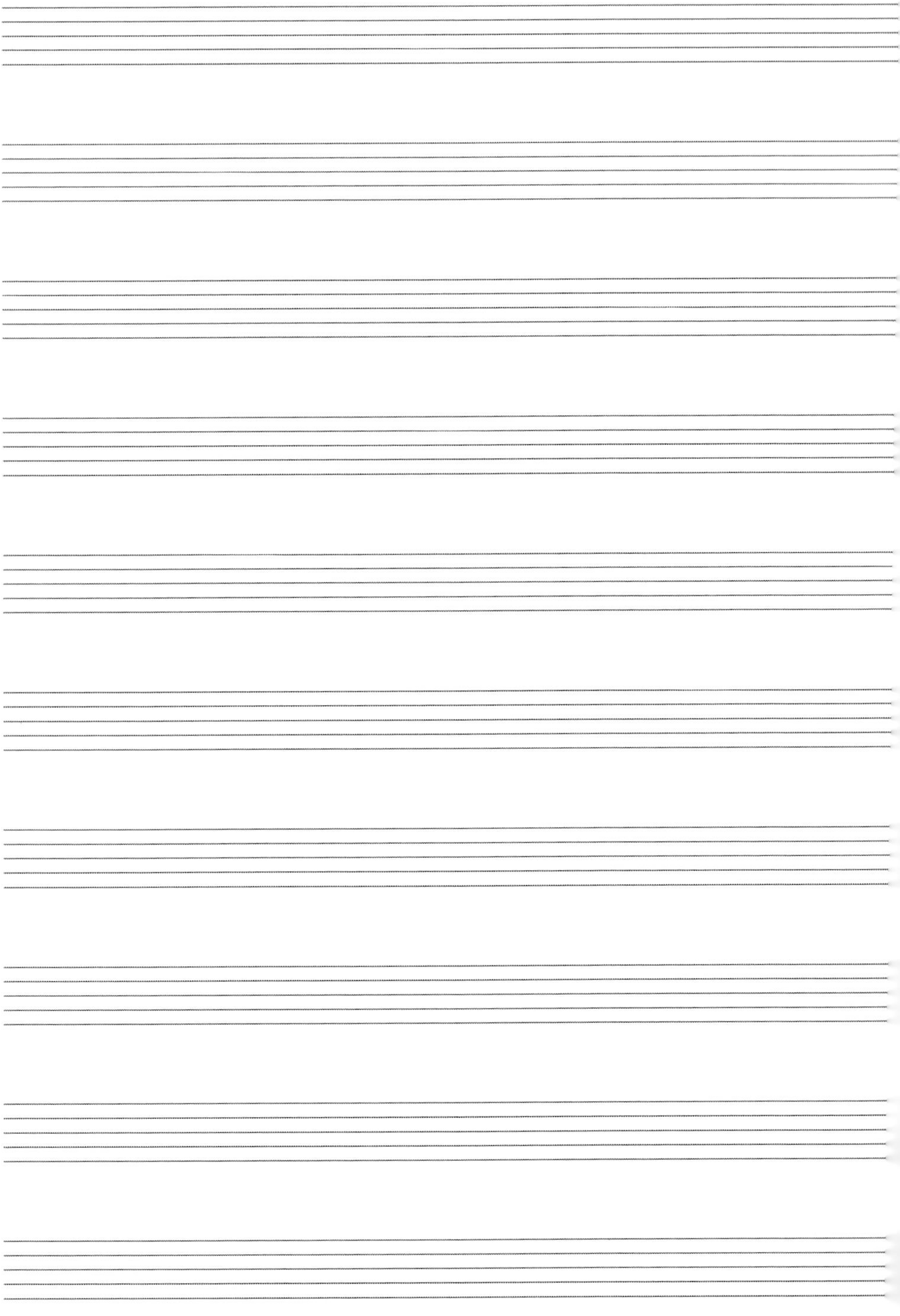

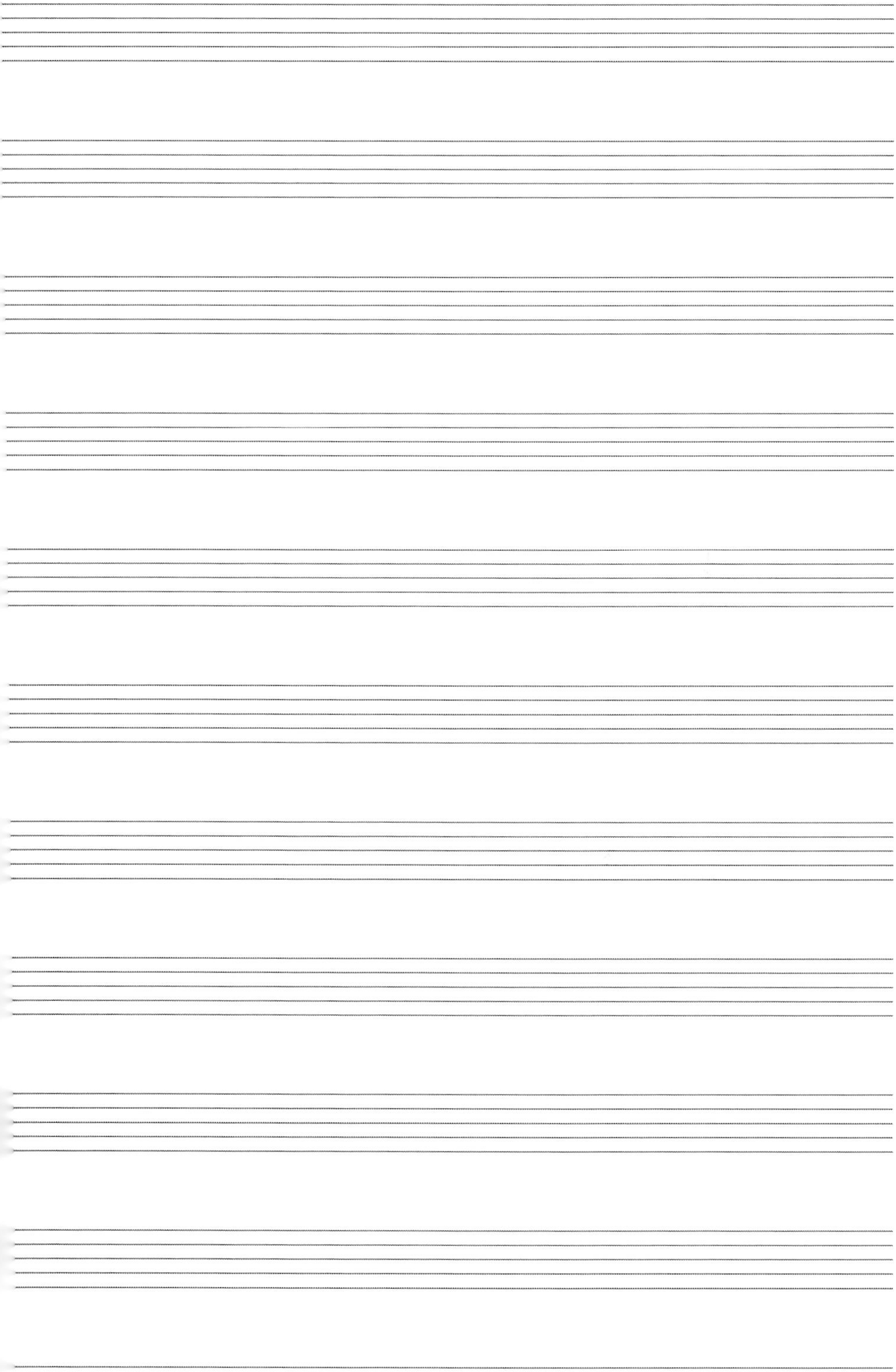

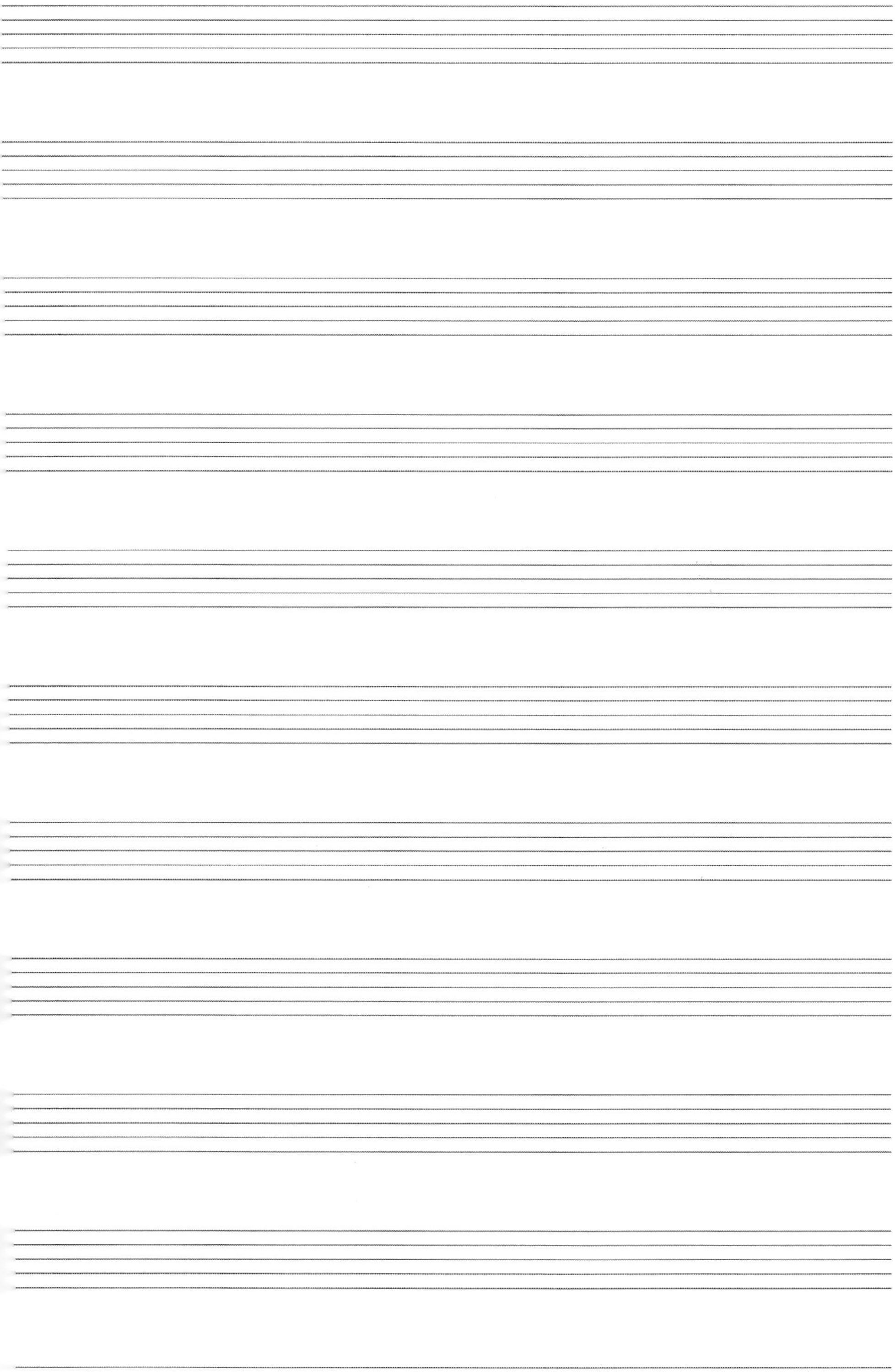

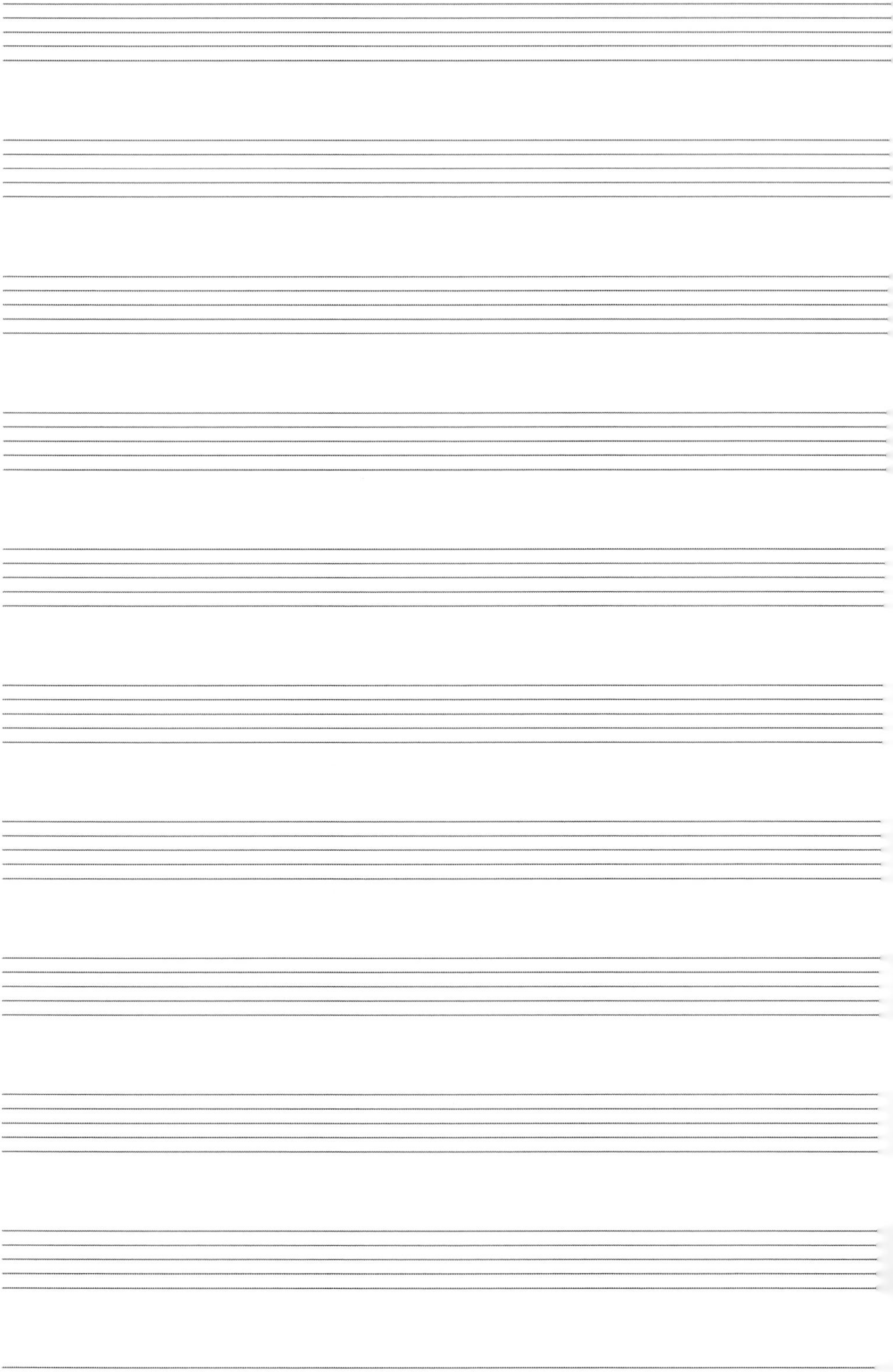

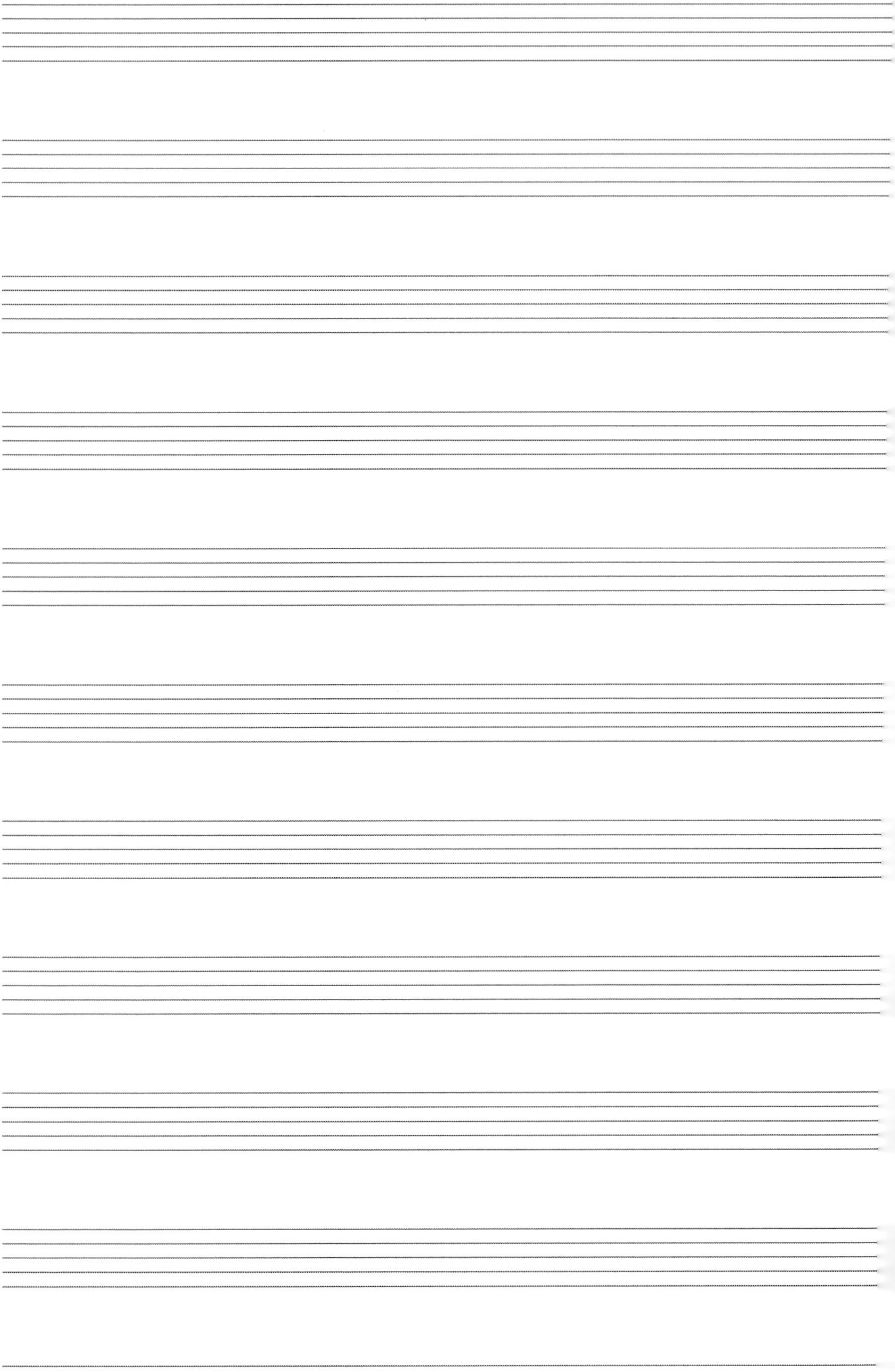

Made in the USA
Monee, IL
11 September 2021

77847719R10057